CLINOMÈTRE MARIN,

INVENTÉ PAR M. DE CONINCK,

CAPITAINE DE VAISSEAU DE LA MARINE DANOISE,

ET PERFECTIONNÉ PAR M. LÉON DU PARC,

LIEUTENANT DE VAISSEAU.

(EXTRAIT DES ANNALES MARITIMES ET COLONIALES. — Septembre 1840.)

CLINOMÈTRE MARIN

INVENTÉ PAR M. DE CONINCK,

CAPITAINE DE VAISSEAU DE LA MARINE DANOISE,

ET PERFECTIONNÉ PAR M. LÉON DU PARC,

LIEUTENANT DE VAISSEAU.

Nous croyons devoir faire précéder la description de cet instrument d'un extrait 1° de la lettre que le ministre de la marine a écrite à ce sujet à M. du Parc; 2° du rapport de l'Institut.

Rapport fait à l'Académie des sciences (commission: MM. Arago, Beautemps-Beaupré, de Freycinet, rapporteur).

L'instrument dont il va être question dans ce rapport se nomme *Clinomètre;* il fut imaginé, il y a un petit nombre d'années, par M. de Coninck, capitaine de vaisseau de la marine danoise, qui obtint de l'Académie, à laquelle il le soumit, un rapport favorable. Son objet est de pouvoir donner en tout temps, à la mer comme au mouillage, une connaissance exacte du tirant d'eau du navire; ce qui doit s'entendre de la quantité dont il immerge tant de l'avant que de l'arrière, condition essentielle pour donner à l'arrimage le degré de perfection qu'exige la marche du navire dans les diverses allures qu'il doit parcourir.

L'Académie, tout en donnant son approbation à l'appareil de M. de Coninck, témoigna le désir qu'il fût soumis à des expériences qui devinssent comme la pierre de touche de son utilité pratique.

M. le ministre de la marine, adoptant les mêmes idées, en fit embarquer sur divers bâtiments de la flotte, et se fit rendre compte de leur emploi, ainsi que des avantages qu'il offrait à la navigation.

M. Léon du Parc, lieutenant de vaisseau, est un des officiers qui a le mieux senti l'importance d'un tel instrument à bord du bâtiment à vapeur *la Salamandre*, qu'il commandait, qui s'en est le plus occupé, et a cherché avec le plus de constance à l'améliorer.

C'est à sa louable insistance, non moins qu'à sa sagacité, qu'est dû le mémoire dont MM. Arago, Beautemps-Beaupré et moi nous avons à rendre compte.

Le clinomètre, tel que M. le capitaine de Coninck l'avait imaginé, donnait des résultats exacts à la vérité, mais il était souvent difficile de le mettre en expérience. M. Léon du Parc, par des modifications qui sont matériellement peu considérables, mais dont les résultats sont importants, est parvenu à rendre l'instrument d'une installation prompte et facile, et surtout à lui donner la précieuse qualité de pouvoir rester constamment en expérience; avantage inappréciable, surtout à bord des bâtiments à vapeur, qui changent si rapidement de tirant d'eau, par suite de la grande quantité de houille qu'ils consomment.

M. du Parc corrobore son opinion sur la grande utilité de son clinomètre perfectionné, par de nombreux exemples qu'il cite ou qu'il rappelle, qui sont très-dignes de remarque.

Au reste, il serait difficile de donner ici, même sommairement, sans l'emploi d'une figure, une idée des modifications qui viennent d'être faites au clinomètre de M. de Coninck: mais votre commission pense qu'il sera utile aux marins que M. du Parc fasse imprimer en totalité son mémoire, les tables et la planche qui y sont jointes, dans quelque ouvrage périodique, tel que les *Annales maritimes*, où les navigateurs pourront le consulter au besoin.

Vos commissaires vous proposent de remercier M. du Parc de sa communication.

Les conclusions de ce rapport sont adoptées.

Lettre du ministre de la marine à M. Léon du Parc.

Paris, 8 août 1840.

Le conseil des travaux a pris, à l'égard de vos propositions, les conclusions suivantes :

En ce qui concerne le clinomètre, il a reconnu qu'il ne pourrait être qu'utile de donner de la publicité aux détails relatifs à cet instrument, et de faire exécuter dans chacun des cinq grands ports du royaume des essais dont le but serait de constater si le clinomètre ainsi modifié pourrait remplacer avec avantage le différentiomètre à bord des bâtiments.

D'après cet avis, je viens d'autoriser l'insertion de votre mémoire dans les *Annales maritimes*, et d'inviter M. Lerebours à souscrire un marché pour fournir cinq clinomètres qui seront confectionnés d'après votre système et sous votre direction.

Signé Bon Roussin.

Le clinomètre est un instrument imaginé par M. de Coninck, capitaine de vaisseau de la marine danoise. Il a pour objet de procurer en tous temps, à la mer, la connaissance de la différence des tirants d'eau. Depuis longtemps des recherches étaient dirigées vers ce but, mais elles étaient jusqu'à présent restées infructueuses. J'ai dû cependant à l'obligeance de M. Kingston, sous-directeur du génie maritime à l'arsenal de Wolwick, auquel la marine à vapeur doit quelques perfectionnements, la connaissance d'un oscillomètre à mesure fort ingénieuse qu'il a imaginé, mais qui ne m'a pas paru offrir les mêmes avantages que le clinomètre de M. de Coninck. On en était donc réduit à l'emploi des différentiomètres, qui sont fort encombrants et d'une observation assez difficile; pour ces raisons ils étaient généralement peu usités.

Le clinomètre ne devra point être aveuglément considéré comme un instrument de précision; mais, après avoir reçu diverses modifications que l'usage *à la mer* m'a conduit à y apporter, il est devenu d'une observation facile et donnant pour la pratique une appréciation suffisamment approchée de la différence des tirants d'eau. On ne doit point négliger le grand nombre d'indications utiles qu'on en peut retirer. Dans une notice imprimée, fournie avec l'instrument, M. de Coninck énumérait les avantages que le clinomètre devait procurer de la manière suivante :

« 1° On pourra s'assurer avec facilité et exactitude de la différence des tirants d'eau d'un navire, même sous voiles, quand les mouvements n'en sont pas trop violents. »

Ce que dit l'inventeur est vrai, et, par suite d'un des changements apportés, la vivacité des oscillations se trouve modérée de telle sorte que, même dans les tangages les plus durs, le clinomètre donne encore des différences faciles à saisir et exactes, d'après les comparaisons que j'ai pu faire. On trouvera même parfois, au mouillage, après quelque temps d'une mer calme, que l'instrument se sera endormi. Il faudra alors, pour lui faire reprendre son jeu, lui imprimer quelques légères oscillations.

« 2° Quand l'expérience aura appris au capitaine quelle est la différence avec laquelle son bâtiment marche le mieux, par les divers vents, il pourra facilement, à l'aide du clinomètre, lui donner cette différence. »

Parfaitement exact et particulièrement applicable aux bâtiments à vapeur, où l'on a sous la main des poids qui peuvent être changés de place pendant le temps que l'on met à changer de direction; les lignes d'eau de cette sorte de navires varient avec une rapidité extrême et d'une manière imprévue, par suite de la consommation du combustible et des embarquements et des débarquements irréguliers des passagers et des colis. Chaque ligne d'eau différente doit exiger une différence de tirant d'eau spéciale.

Le bâtiment à vapeur *la Salamandre*, de 160 chevaux, étant le premier navire où, par suite des modifications que j'avais apportées au clinomètre de M. de Coninck, il eût pu être observé régulièrement et pendant un temps suffisamment long, pour en tirer des inductions auxquelles on puisse ajouter quelque crédit, je citerai les remarques qui ont été faites pendant la durée de mon commandement. On avait reconnu que le bâtiment, au lieu de naviguer sans différence, comme l'indiquait le devis, devait, de beau temps, belle mer, étant chargé, être conservé à 2 décimètres de différence sur l'arrière ; il marchait mieux et fatiguait moins : dans la marche, l'avant du navire, au lieu d'être soulagé, s'enfonçait plutôt par l'effet des aubes. La différence entre l'état de repos et celui de mouvement a pu aller quelquefois à un décimètre et demi; prenant la demi-différence, c'était $0^{m},07$ dont le navire plongeait de l'avant.

Chargé de passagers, leur transport, d'une extrémité du navire à l'autre, a parfois donné une différence d'un mille à un mille et demi sur la vitesse. Le clinomètre sert, en pareil cas, à conserver la différence reconnue la plus avantageuse. Pour les gros temps on avait trouvé qu'avec une différence de $0^{m},04$ sur l'arrière, ce navire gouvernait parfaitement, fatiguait peu, s'élevant avec une extrême facilité sur la lame. En temps ordinaire, lorsque le bâtiment atteignait le tirant d'eau de son chargement moyen, il fallait le ramener à naviguer sans différence, et même lui en donner une sur l'avant quand il était presque lége.

Si l'on remorque un fort navire, il faut se rendre lourd, c'est-à-dire se porter sur l'avant, la remorque ayant toujours pour effet de rappeler le navire sur l'arrière; remorquant un petit bâtiment, il faut le rapprocher de soi et se rendre léger, c'est-à-dire se mettre, ou à égal tirant d'eau, ou avec une faible différence sur l'arrière.

« 3° Quand un navire est dans la nécessité de franchir une barre, il est d'une grande importance que la quille soit parallèle au niveau de l'eau; car, si le bâtiment échouait dans cette position, il aurait beaucoup moins à souffrir que s'il n'était pas au tirant d'eau moyen. Le clinomètre fournira au capitaine le moyen de donner à son navire cette position, de laquelle peut dépendre le salut du bâtiment et de son équipage.

« 4° Dans le cas où un navire, poursuivi par un ennemi supérieur, chercherait à lui échapper, en passant sur des hauts-fonds, il arrivera à ce résultat en mettant la quille de niveau, au moyen du clinomètre.

« 5° En notant tous les jours, une fois pendant le quart, la différence sur le journal, on obtiendra une foule d'observations précieuses pour les constructeurs, qui pourront y puiser des renseignements importants. »

Par suite des modifications apportées au clinomètre, l'observation se fait par le timonier de service, en mer, en même temps que celle du baromètre en rade, lorsque l'on prend le tirant d'eau.

Pour faire usage du clinomètre, on commencera d'abord par établir, avec les vis 2, 2, 2, le support le long d'une cloison placée dans le sens de la longueur du bâtiment; puis, l'instrument étant fixé au support par la vis 12 [1], on fera osciller la boîte qui le renferme jusqu'à ce que la différence des niveaux donnée par le liquide dans les tubes verticaux ait indiqué sur l'échelle intermédiaire 10, 10, une différence égale à celle des tirants d'eau. Si cette échelle n'a pas été posée, on prendra sur celle des minutes 9, 9, une quantité qui, dans la table de réduction, représentera cette différence des tirants d'eau, et on fixera le clinomètre au moyen de la vis de pression 13.

Puis, pour l'observation à un moment quelconque, il ne restera plus qu'à prendre sur l'échelle intermédiaire 10, 10, la différence des niveaux du liquide, qui sera directement la différence des tirants d'eau, ou, sur une des échelles de minutes 9, 9, la quantité qui marque cette différence des niveaux; et, en prenant le nombre de minutes obtenu, comme élément, avec la longueur de la quille, on aura pareillement, dans la table de réduction, la différence des tirants d'eau. Il arrive cependant que, pour quelques bâtiments dont la différence des tirants d'eau est considérable, cette méthode ne peut suffire, à cause de la trop faible étendue de l'échelle des divisions; lorsqu'il en est ainsi, au lieu

[1] Pour poser l'instrument, on ne le détachera point du support; il suffira de l'incliner à droite ou à gauche d'une quantité qui permettra d'opérer sur les vis de pose 2, 2, 2.

de faire marquer au clinomètre la différence des tirants d'eau au moment de la pose, c'est-à-dire de le placer parallèlement à la quille, on le dispose parallèlement à l'horizon : il n'y a, pour cela, qu'à amener le liquide au même niveau dans les deux tubes. On note la différence des tirants d'eau au moment de l'opération, et, par la suite, toutes les quantités données par la différence des niveaux sont corrigées en sens convenable de la différence première invariable. Pour s'épargner, dans ce cas, l'application d'une correction à chaque observation, on devra se composer un tableau supplémentaire qui la donnera constamment faite. Quand l'instrument viendra d'être posé, avant de commencer à compter sur les observations, il sera bon de suivre les mouvements pendant un jour ou deux, en les faisant concorder avec ceux du tirant d'eau existant.

On doit, pour transporter le clinomètre d'un lieu à un autre, le tenir dans une position verticale. On a, pour cet effet, placé une poignée à la partie supérieure du support avec lequel il marchera toujours. Si le clinomètre a été couché, le mercure, l'esprit-de-vin et l'air se seront mêlés : en redressant l'instrument, chaque corps, en vertu de sa pesanteur, reprendra sa place. Mais l'opération pourra être de quelque durée ; pour obtenir un résultat plus prompt, il faudra balancer légèrement l'instrument. Si le clinomètre devait être envoyé au loin, en le conservant tout formé, on l'exposerait à une chance presque certaine de rupture, par l'effet du ballottement du mercure dans les tubes en verre dont il est composé. Il conviendra donc de le vider préalablement. Arrivé à sa destination, on reformera l'instrument : pour cela, le tenant dans une position verticale, on y versera du mercure, soigneusement épuré, jusqu'à atteindre la demi-hauteur des réservoirs 5, 6, 7; on versera ensuite, et par petites quantités, dans chaque tube alternativement, de l'esprit-de-vin coloré, de manière à parvenir à peu près à la hauteur 3 de la division du milieu des échelles; on mettra les bouchons, qu'on lutera pour prévenir toute évaporation, et l'instrument sera reformé.

J'ai intentionnellement abandonné un clinomètre vide sur l'impériale d'une diligence, et il a fait 80 lieues sans avoir éprouvé le moindre dommage, tandis que j'en ai vu un grand nombre qui étaient brisés, quoiqu'ils eussent été emballés avec tout le soin convenable; mais ils avaient été expédiés tout formés. Ayant, pour une cause quelconque, vidé l'instrument, l'ayant ensuite recomposé et posé, on trouvera, le lendemain ou le surlendemain, que le niveau moyen ne sera plus le même; il aura d'abord monté. Le liquide resté le long des parois supérieures des tubes verticaux étant retombé peu à peu, puis l'esprit-de-vin ayant subi une évaporation dans l'espace vide contenu entre les colonnes de liquide, le niveau aura baissé : passé cela, le niveau moyen ne changera plus que par suite des variations de température: cette cause est peu influente et n'apporte pas de changement notable à la différence que les niveaux conservent entre eux. Pour obtenir un niveau déterminé, il faudra, d'après ce qui précède, en formant l'instrument, verser de manière à dépasser un peu ce niveau.

Les remarques qu'on vient de lire doivent prémunir contre un trop grand empressement à apporter à l'instrument des corrections que l'on aurait à renouveler sans cesse, et cet état de choses occasionnerait dans la marche une perturbation qui ne permettrait plus de compter sur aucun résultat.

DESCRIPTION DE LA PLANCHE.

La boîte qui renferme le clinomètre est représentée ouverte, afin que l'on puisse facilement saisir la forme et le jeu de l'instrument.

1, 2, 3, 4, 5, 6, 7, 8, tube en verre composant l'instrument.

6, 7, 8, partie qui contient du mercure.

3, 4, 5, 6, partie qui contient de l'esprit-de-vin.

9, 9, échelle dont les divisions représentent les minutes de l'angle d'inclinaison entre la quille et l'horizon.

10, 10, échelle (suivant le portant sur terre du bâtiment) qui donne directement, par l'observation de la différence entre les niveaux du liquide, la différence des tirants d'eau.

La disposition alternée des chiffres a procuré la faculté de placer sans confusion 120 nombres au lieu de 60 sur une même hauteur.

11, 11, curseurs pour faciliter les observations.

12, vis qui lie la boîte du clinomètre au support. L'instrument posé, cette boîte peut osciller sur le collet de cette vis.

13, vis de pression qui sert à fixer l'instrument dans une position déterminée, après l'avoir réglé.

14, chapeau qui recouvre la partie 1, 2, 1.

15, vue de la face antérieure verticale, à glace pour que l'on puisse suivre à travers les mouvements du liquide.

La pièce qui recouvre la face antérieure de la partie horizontale est pleine et n'est pas figurée.

SUPPORT.

1, poignée servant à transporter le clinomètre à de petites distances, en le tenant dans une position horizontale.

2, 2, 2, vis au moyen desquelles le support est fixé le long d'une cloison. La tête de ces vis vient à fleur de bois du support.

12, écrou noyé dans le support qui reçoit la vis 12.

13, arc de cercle gradué pour régler l'instrument.

14, index fixe au support et qui sert à replacer l'instrument tel qu'il était primitivement quand il a été dérangé pour un motif quelconque.

2. Dans les premiers clinomètres, la partie 2 nécessaire pour la communication qu'il doit constamment y avoir entre les deux branches verticales n'existe pas; on emploie alors un tube supplémentaire 2 en verre que l'on insère dans 1 et 1, et on lute.

16. Quand le mercure et l'esprit-de-vin seront retirés pour faire voyager l'instrument, on les mettra dans de petites fioles que l'on pourra placer à l'intérieur de la partie horizontale.

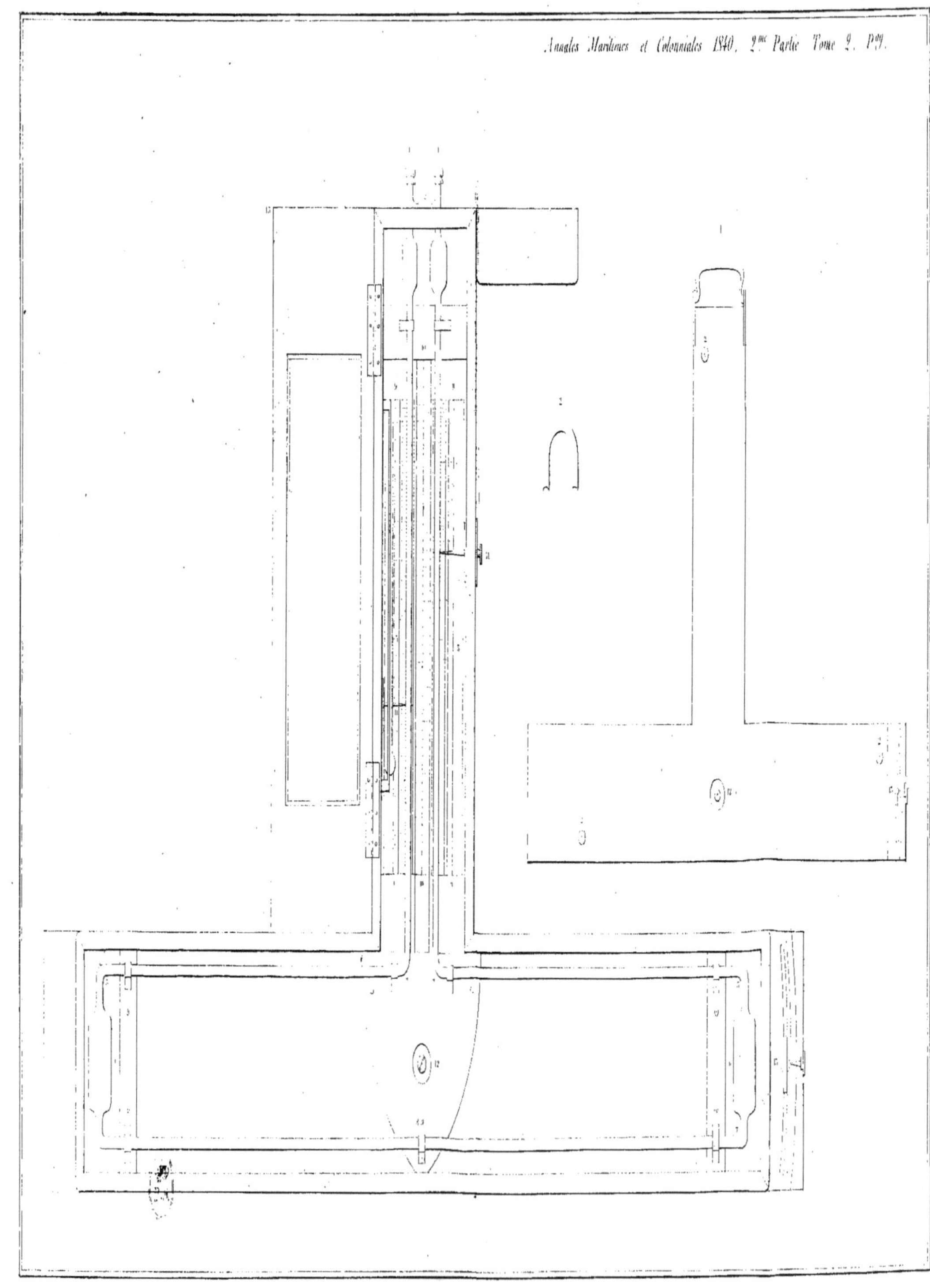

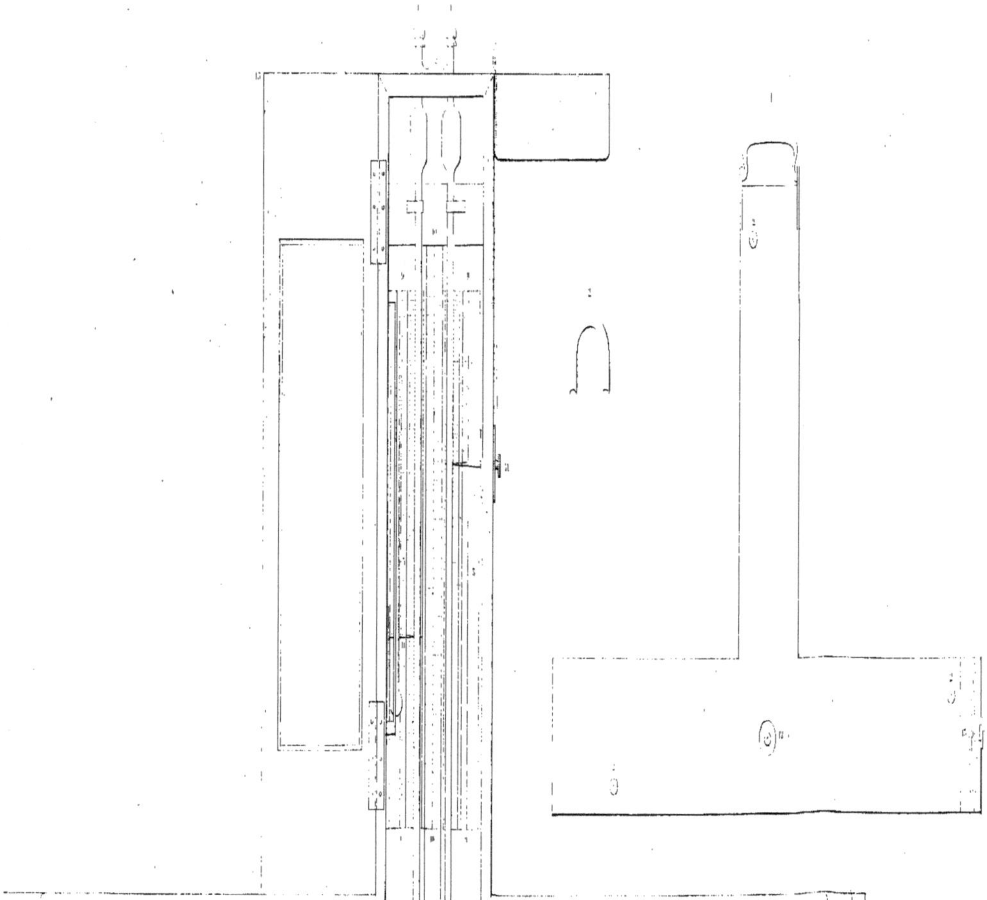

[illegible]

EXPLICATION ET USAGE DES TABLES.

TABLE Ire.

Quoique l'instruction indique suffisamment la manière de se servir des tables quand l'échelle de réduction ne se trouve point jointe au clinomètre, comme on pourrait parfois avoir égaré cette instruction, nous allons répéter ici succinctement la méthode à suivre. La différence des niveaux du liquide donne un nombre de minutes, et avec ce nombre de minutes et la longueur de la quille comme éléments, faisant cadrer, on obtient la différence des tirants d'eau en unités de même espèce que le portant sur terre.

TABLE II.

Les bâtiments à vapeur ont été portés pour mémoire; on est encore trop peu fixé sur leurs dimensions et leur armement.

Quand un bâtiment se trouvera avoir un portant sur terre qui ne sera pas compris dans les limites données aux tables de réduction, ce qui aura lieu pour un grand nombre de bâtiments à vapeur, on se procurera la table de réduction convenable pour le navire, de la manière suivante : on ajoutera au nombre 207 centimètres, qui est la différence donnée par les tables des tirants d'eau, pour un bâtiment de 59 mètres de quille et une inclinaison à l'horizon de 120 minutes, autant de fois $0^{m},035$ qu'il y a de mètres de différence entre la longueur de la quille du navire en question et le nombre 59 ; ou bien, on fera la proportion :

R : Sinus 120′ :: la longueur de la quille du bâtiment en question est à X = différence des tirants d'eau de ce bâtiment, la quille étant inclinée à l'horizon de 120 minutes. (Le quatrième terme donnera des unités de même espèce que celles du troisième.) Ce nombre obtenu par la première méthode, ou ce quatrième terme, sera le cent-vingtième terme d'une progression arithmétique croissante, commençant à 0 et dont la raison, différence des tirants d'eau par chaque minute d'inclinaison, sera le quotient de la division du quatrième terme de la proportion par 120. Ce quotient, successivement ajouté à lui-même 120 fois, formera par minute une échelle croissante de réduction, donnant les différences des tirants d'eau correspondants, pour le navire en question, aux angles d'inclinaison de la quille avec l'horizon mesurés par le clinomètre.

Exemple.

Supposons un bâtiment à vapeur ayant 80 mètres de portant sur terre :

Ire RÈGLE.

59^m
80^m

diff. $21 + 0{,}035 = 0^m{,}735$, qui, ajoutés à $2^m{,}07$, font $2^m{,}805$.

IIe RÈGLE.

R : Sin. 120′ :: 80^m ou $8000\ {}^c/_m$: $x = 279\ {}^c/_m$
Mettons $280\ {}^c/_m$, on aura

$\frac{280}{120} = 0{,}0233$, raison de la progression arithmétique ou différence de tirant d'eau pour chaque minute d'inclinaison.

Léon du Parc, *lieutenant de vaisseau.*

1	1	1	0	1	0	0	0	1	0
3	2	3	2	3	1	2	1	2	1
5	4	5	4	5	3	3	3	3	3
7	6	7	6	7	5	5	4	5	4
9	8	9	8	9	6	7	6	6	6
11	10	11	10	11	8	8	8	8	7
13	12	13	12	13	10	10	9	10	9
16	15	15	14	15	11	12	11	11	11
18	17	17	16	17	13	13	13	13	12
20	19	19	18	19	15	15	14	14	14
22	21	22	21	21	17	17	16	16	15
24	23	24	23	23	18	18	18	17	17
26	25	26	25	25	20	20	19	19	18
28	27	28	27	27	22	22	21	21	20
31	30	30	29	29	23	23	23	22	22
33	32	32	31	31	25	25	24	24	23
35	34	34	33	33	27	27	26	25	25
37	36	36	35	35	28	28	28	27	26
39	38	38	37	37	30	30	29	29	28
42	41	41	40	39	32	32	31	30	30
44	43	43	42	42	34	33	33	32	31
46	45	45	44	44	35	35	34	33	33
48	47	47	46	46	37	36	36	35	34
50	49	49	48	48	39	38	37	36	36
52	51	51	50	50	40	40	39	38	37
54	53	53	52	52	42	41	41	40	39
56	55	55	54	54	44	43	42	41	41
59	58	57	56	56	45	45	44	43	42
61	60	60	59	58	47	46	46	44	44
63	62	62	61	60	49	48	47	46	45
	64		63		51		49		47

TABLE 1re. (Suite).

Tables de ré

INCLINAISON à l'horizon.	PORTANT sur terre en mètres. 38.		PORTANT sur terre en mètres. 39.		PORTANT sur terre en mètres. 46.		PORTANT sur terre en mètres. 47.		PORTANT sur terre en mètres. 48.
minutes.	centimètres.		centimètres.		centimètres.		centimètres.		centimètres.
120	133	131	136	134	161	159	164	162	168
118	130	129	133	132	158	156	161	159	165
116	128	126	131	129	155	153	158	156	166
114	125	124	128	127	152	151	155	153	156
112	123	122	126	125	150	148	152	151	156
110	121	120	124	123	147	145	150	148	154
108	119	118	122	120	144	143	147	145	151

TABLE Ire.

Tables de réduction faisant connaître par la mesure de l'angle d'inclinaison entre la quille et l'horizon, donnée en minutes par le clinomètre, la différence des tirants d'eau de l'avant et de l'arrière, pour chaque rang de bâtiment.

Inclinaison à l'horizon	Portant sur terre en mètres. 16.	Portant sur terre en mètres. 17.	Portant sur terre en mètres. 18.	Portant sur terre en mètres. 19.	Portant sur terre en mètres. 20.	Portant sur terre en mètres. 21.	Portant sur terre en mètres. 22.	Portant sur terre en mètres. 23.	Portant sur terre en mètres. 24.	Portant sur terre en mètres. 25.	Portant sur terre en mètres. 26.
minutes.	centimètres.	centimètres.	centimètres.	centimètres.	centimètres.	centimètres.	centimètres.	centimètres.	centimètres.	centimètres.	centimètres.
120	57 / 56	60 / 59	64 / 63	67 / 66	71 / 70	74 / 73	78 / 77	81 / 80	85 / 84	88 / 87	92 / 91
118	56 / 55	59 / 58	63 / 62	66 / 65	70 / 69	73 / 72	77 / 76	80 / 79	84 / 83	87 / 86	90 / 90
116	55 / 54	58 / 57	62 / 61	65 / 64	69 / 68	72 / 71	75 / 75	78 / 78	82 / 81	85 / 84	89 / 88
114	54 / 53	57 / 56	61 / 60	64 / 63	67 / 67	70 / 70	74 / 73	77 / 76	81 / 80	84 / 83	87 / 87
112	53 / 52	56 / 55	60 / 59	63 / 62	66 / 66	69 / 68	73 / 72	76 / 75	79 / 79	82 / 81	86 / 85
110	52 / 51	55 / 54	59 / 58	61 / 61	65 / 64	68 / 67	71 / 71	74 / 74	78 / 77	81 / 80	84 / 84
108	51 / 50	54 / 53	58 / 57	60 / 60	64 / 63	67 / 66	70 / 70	73 / 72	76 / 76	79 / 78	83 / 82
106	50 / 49	53 / 52	57 / 56	59 / 59	63 / 62	65 / 65	69 / 68	72 / 71	75 / 74	78 / 77	81 / 80
104	49 / 48	52 / 51	55 / 55	58 / 58	62 / 61	64 / 64	68 / 67	70 / 70	74 / 73	76 / 76	80 / 79
102	48 / 47	51 / 50	54 / 54	57 / 56	60 / 60	63 / 62	66 / 66	69 / 68	72 / 72	75 / 74	78 / 77
100	47 / 46	50 / 49	53 / 53	56 / 55	59 / 59	62 / 61	65 / 64	67 / 67	71 / 70	73 / 73	77 / 76
98	46 / 45	49 / 48	52 / 52	55 / 54	58 / 57	60 / 60	64 / 63	66 / 65	69 / 69	72 / 71	75 / 74
96	45 / 44	48 / 47	51 / 51	54 / 53	57 / 56	59 / 59	62 / 62	65 / 64	68 / 67	70 / 70	74 / 73
94	44 / 43	47 / 46	50 / 50	52 / 52	56 / 55	58 / 57	61 / 60	63 / 63	67 / 66	69 / 68	72 / 71
92	43 / 42	46 / 45	49 / 49	51 / 51	54 / 54	57 / 56	60 / 59	62 / 61	65 / 64	67 / 67	71 / 70
90	42 / 41	45 / 44	48 / 47	50 / 50	53 / 53	55 / 55	58 / 58	61 / 60	64 / 63	66 / 65	69 / 68
88	41 / 40	44 / 43	47 / 46	49 / 49	52 / 51	54 / 54	57 / 57	59 / 59	62 / 62	65 / 64	67 / 67
86	40 / 39	43 / 42	46 / 45	48 / 47	51 / 50	53 / 52	56 / 55	58 / 57	61 / 60	63 / 62	66 / 65
84	39 / 38	42 / 41	45 / 44	47 / 46	50 / 49	52 / 51	55 / 54	57 / 56	59 / 59	62 / 61	64 / 64
82	38 / 38	41 / 40	44 / 43	46 / 45	49 / 48	51 / 50	53 / 53	55 / 55	58 / 57	60 / 59	63 / 62
80	38 / 37	40 / 39	43 / 42	45 / 44	47 / 47	49 / 49	52 / 51	54 / 53	57 / 56	59 / 58	61 / 61
78	37 / 36	39 / 38	42 / 41	44 / 43	46 / 46	48 / 47	51 / 50	53 / 52	55 / 55	57 / 56	60 / 59
76	36 / 35	38 / 37	41 / 40	42 / 42	45 / 44	47 / 46	49 / 49	51 / 51	54 / 53	56 / 55	58 / 57
74	35 / 34	37 / 36	39 / 39	41 / 41	44 / 43	46 / 45	48 / 47	50 / 49	52 / 52	54 / 54	57 / 56
72	34 / 33	36 / 35	38 / 38	40 / 40	43 / 42	44 / 44	47 / 46	49 / 48	51 / 50	53 / 52	55 / 54
70	33 / 32	35 / 34	37 / 37	39 / 39	41 / 41	43 / 43	45 / 45	47 / 47	50 / 49	51 / 51	54 / 53
68	32 / 31	34 / 33	36 / 36	38 / 37	40 / 40	42 / 41	44 / 44	46 / 45	48 / 47	50 / 49	52 / 51
66	31 / 30	33 / 32	35 / 35	37 / 36	39 / 38	41 / 40	43 / 42	45 / 44	47 / 46	48 / 48	51 / 50
64	30 / 29	32 / 31	34 / 34	36 / 35	38 / 37	39 / 39	42 / 41	43 / 43	45 / 45	47 / 46	49 / 48
62	29 / 28	31 / 30	33 / 33	35 / 34	37 / 36	38 / 38	40 / 40	42 / 41	44 / 43	45 / 45	48 / 47
60	28 / 27	30 / 29	32 / 31	33 / 33	35 / 35	37 / 36	39 / 38	40 / 40	42 / 42	44 / 43	46 / 45
58	27 / 26	29 / 28	31 / 30	32 / 32	34 / 34	36 / 35	38 / 37	39 / 38	41 / 40	43 / 42	44 / 44
56	26 / 25	28 / 27	30 / 29	31 / 31	33 / 33	35 / 34	36 / 36	38 / 37	40 / 39	41 / 40	43 / 42
54	25 / 24	27 / 26	29 / 28	30 / 30	32 / 31	33 / 33	35 / 34	36 / 36	38 / 38	40 / 39	41 / 41
52	24 / 23	26 / 25	28 / 27	29 / 28	31 / 30	32 / 31	34 / 33	35 / 34	37 / 36	38 / 37	40 / 39
50	23 / 22	25 / 24	27 / 26	28 / 27	30 / 29	31 / 30	32 / 32	34 / 33	35 / 35	37 / 36	38 / 38
48	22 / 21	24 / 23	26 / 25	27 / 26	28 / 28	30 / 29	31 / 31	32 / 32	34 / 33	35 / 34	37 / 36
46	21 / 21	23 / 22	25 / 24	26 / 25	27 / 27	28 / 28	30 / 29	31 / 30	33 / 32	34 / 33	35 / 34
44	21 / 20	22 / 21	23 / 23	25 / 24	26 / 25	27 / 27	29 / 28	30 / 29	31 / 30	32 / 32	34 / 33
42	20 / 19	21 / 20	22 / 22	23 / 23	25 / 24	26 / 25	27 / 27	28 / 28	30 / 29	31 / 30	32 / 31
40	19 / 18	20 / 19	21 / 21	22 / 22	24 / 23	25 / 24	26 / 25	27 / 26	28 / 28	29 / 29	31 / 30
38	18 / 17	19 / 18	20 / 20	21 / 21	22 / 22	23 / 23	25 / 24	26 / 25	27 / 26	28 / 27	29 / 28
36	17 / 16	18 / 17	19 / 19	20 / 20	21 / 21	22 / 22	23 / 23	24 / 24	25 / 25	26 / 26	28 / 27
34	16 / 15	17 / 16	18 / 18	19 / 18	20 / 20	21 / 20	22 / 21	23 / 22	24 / 23	25 / 24	26 / 25
32	15 / 14	16 / 15	17 / 17	18 / 17	19 / 18	20 / 19	21 / 20	22 / 21	23 / 22	23 / 23	25 / 24
30	14 / 13	15 / 14	16 / 15	17 / 16	18 / 17	18 / 18	19 / 19	20 / 20	21 / 21	22 / 21	23 / 22
28	13 / 12	14 / 13	15 / 14	16 / 15	17 / 16	17 / 17	18 / 18	19 / 18	20 / 19	21 / 20	21 / 21
26	12 / 11	13 / 12	14 / 13	15 / 14	15 / 15	16 / 15	17 / 16	18 / 17	18 / 18	19 / 18	20 / 19
24	11 / 10	12 / 11	13 / 12	13 / 13	14 / 14	15 / 14	16 / 15	16 / 16	17 / 16	18 / 17	18 / 18
22	10 / 9	11 / 10	12 / 11	12 / 12	13 / 12	14 / 13	14 / 14	15 / 14	16 / 15	16 / 15	17 / 16
20	9 / 8	10 / 9	11 / 10	11 / 11	12 / 11	12 / 12	13 / 12	13 / 13	14 / 13	15 / 14	15 / 15
18	8 / 7	9 / 8	10 / 9	10 / 9	11 / 10	11 / 10	12 / 11	12 / 11	13 / 12	13 / 12	14 / 13
16	7 / 6	8 / 7	9 / 8	9 / 8	9 / 9	10 / 9	10 / 10	11 / 10	11 / 11	12 / 11	12 / 11
14	6 / 5	7 / 6	7 / 7	8 / 7	8 / 8	9 / 8	9 / 8	9 / 9	10 / 9	10 / 10	11 / 10
12	5 / 4	6 / 5	6 / 6	7 / 6	7 / 7	7 / 7	8 / 7	8 / 7	8 / 8	9 / 8	9 / 8
10	4 / 3	5 / 4	5 / 5	6 / 5	6 / 5	6 / 6	6 / 6	7 / 6	7 / 6	7 / 7	8 / 7
8	3 / 2	4 / 3	4 / 4	4 / 4	5 / 4	5 / 4	5 / 5	5 / 5	6 / 5	6 / 5	6 / 5
6	2 / 1	3 / 2	3 / 3	3 / 3	4 / 3	4 / 3	4 / 3	4 / 3	4 / 4	4 / 4	5 / 4
4	1 / 1	2 / 1	2 / 2	2 / 2	2 / 2	2 / 2	3 / 2	3 / 2	3 / 2	3 / 2	3 / 2
2	0 / 0	1 / 0	1 / 1	1 / 1	1 / 1	1 / 1	1 / 1	1 / 1	1 / 1	1 / 1	2 / 1
0	0	0	0	0	0	0	0	0	0	0	0

Inclinaison à l'horizon	Portant sur terre en mètres. 27.	Portant sur terre en mètres. 28.	Portant sur terre en mètres. 29.	Portant sur terre en mètres. 30.	Portant sur terre en mètres. 31.	Portant sur terre en mètres. 32.	Portant sur terre en mètres. 33.	Portant sur terre en mètres. 34.	Portant sur terre en mètres. 35.	Portant sur terre en mètres. 36.	Portant sur terre en mètres. 37.
minutes.	centimètres.	centimètres.	centimètres.	centimètres.	centimètres.	centimètres.	centimètres.	centimètres.	centimètres.	centimètres.	centimètres.
120	95 / 94	99 / 98	102 / 101	106 / 105	109 / 108	113 / 112	116 / 115	120 / 119	123 / 122	127 / 126	129 / 128
118	93 / 93	97 / 97	100 / 99	104 / 103	107 / 106	111 / 110	114 / 113	118 / 117	121 / 120	125 / 124	127 / 126
116	92 / 91	96 / 95	99 / 98	102 / 102	105 / 104	109 / 108	112 / 111	116 / 115	119 / 118	123 / 122	125 / 124
114	90 / 89	94 / 93	97 / 96	101 / 100	104 / 103	107 / 106	110 / 109	114 / 113	117 / 116	121 / 120	123 / 121
112	89 / 88	92 / 92	95 / 94	99 / 98	102 / 101	105 / 105	108 / 107	112 / 111	115 / 114	119 / 117	120 / 119
110	87 / 86	91 / 90	93 / 93	97 / 96	100 / 99	104 / 103	106 / 105	110 / 109	113 / 112	116 / 115	118 / 117
108	85 / 85	89 / 88	92 / 91	95 / 95	98 / 97	102 / 101	104 / 103	108 / 107	111 / 110	114 / 113	116 / 115
106	84 / 83	87 / 87	90 / 89	94 / 93	96 / 95	100 / 99	102 / 101	106 / 105	109 / 108	112 / 111	114 / 113
104	82 / 82	86 / 85	88 / 88	92 / 91	94 / 94	98 / 97	101 / 100	104 / 103	107 / 106	110 / 109	112 / 111
102	81 / 80	84 / 83	87 / 86	90 / 89	93 / 92	96 / 95	99 / 98	102 / 101	105 / 104	108 / 107	110 / 109
100	79 / 78	82 / 82	85 / 84	88 / 87	91 / 90	94 / 93	97 / 96	100 / 99	102 / 101	106 / 105	107 / 106
98	78 / 77	81 / 80	83 / 82	87 / 86	89 / 88	92 / 91	95 / 94	98 / 97	100 / 99	104 / 103	105 / 104
96	76 / 75	79 / 78	82 / 81	85 / 84	87 / 86	90 / 89	93 / 92	96 / 95	98 / 97	102 / 101	103 / 102
94	74 / 74	78 / 77	80 / 79	83 / 82	85 / 84	89 / 88	91 / 90	94 / 93	96 / 95	99 / 98	101 / 100
92	73 / 72	76 / 75	78 / 77	81 / 80	84 / 83	87 / 86	89 / 88	92 / 91	94 / 93	97 / 96	99 / 98
90	71 / 70	74 / 73	76 / 76	79 / 79	82 / 81	85 / 84	87 / 86	90 / 89	92 / 91	95 / 94	97 / 96
88	70 / 69	73 / 72	75 / 74	78 / 77	80 / 79	83 / 82	85 / 84	88 / 87	90 / 89	93 / 92	95 / 94
86	68 / 67	71 / 70	73 / 72	76 / 75	78 / 77	81 / 80	83 / 82	86 / 85	88 / 87	91 / 90	92 / 91
84	66 / 66	69 / 68	71 / 71	74 / 73	76 / 75	79 / 78	81 / 80	84 / 83	86 / 85	89 / 88	90 / 89
82	65 / 64	68 / 67	70 / 69	72 / 72	74 / 74	77 / 76	79 / 78	82 / 81	84 / 83	87 / 86	88 / 87
80	63 / 63	66 / 65	68 / 67	71 / 70	73 / 72	75 / 74	77 / 76	80 / 79	82 / 81	85 / 84	86 / 85
78	62 / 61	64 / 64	66 / 65	69 / 68	71 / 70	73 / 73	75 / 74	78 / 77	80 / 79	83 / 81	84 / 83
76	60 / 59	63 / 62	65 / 64	67 / 66	69 / 68	72 / 71	73 / 72	76 / 75	78 / 77	80 / 79	82 / 81
74	59 / 58	61 / 60	63 / 62	65 / 64	67 / 66	70 / 69	72 / 71	74 / 73	76 / 75	78 / 77	80 / 78
72	57 / 56	59 / 59	61 / 60	64 / 63	65 / 64	68 / 67	70 / 69	72 / 71	74 / 73	76 / 75	77 / 76
70	55 / 55	58 / 57	59 / 59	62 / 61	64 / 63	66 / 65	68 / 67	70 / 69	72 / 71	74 / 73	75 / 74
68	54 / 53	56 / 55	58 / 57	60 / 59	62 / 61	64 / 63	66 / 65	68 / 67	70 / 69	72 / 71	73 / 72
66	52 / 51	54 / 54	56 / 55	58 / 57	60 / 59	62 / 61	64 / 63	66 / 65	68 / 67	70 / 69	71 / 70
64	51 / 50	53 / 52	54 / 54	57 / 56	58 / 57	60 / 59	62 / 61	64 / 63	66 / 65	68 / 67	69 / 68
62	49 / 48	51 / 50	53 / 52	55 / 54	56 / 55	58 / 57	60 / 59	62 / 61	64 / 63	66 / 65	67 / 66
60	47 / 47	49 / 49	51 / 50	53 / 52	54 / 54	56 / 56	58 / 57	60 / 59	61 / 60	63 / 62	64 / 63
58	46 / 45	48 / 47	49 / 48	51 / 50	53 / 52	55 / 54	56 / 55	58 / 57	59 / 58	61 / 60	62 / 61
56	44 / 44	46 / 45	48 / 47	49 / 49	51 / 50	53 / 52	54 / 53	56 / 55	57 / 56	59 / 58	60 / 59
54	43 / 42	45 / 44	46 / 45	48 / 47	49 / 48	51 / 50	52 / 51	54 / 53	55 / 54	57 / 56	58 / 57
52	41 / 40	43 / 42	44 / 43	46 / 45	47 / 46	49 / 48	50 / 49	52 / 51	53 / 52	55 / 54	56 / 55
50	40 / 39	41 / 40	42 / 42	44 / 43	45 / 45	47 / 46	48 / 47	50 / 49	51 / 50	53 / 52	54 / 53
48	38 / 37	40 / 39	41 / 40	42 / 42	44 / 43	45 / 44	46 / 45	48 / 47	49 / 48	51 / 50	52 / 51
46	36 / 36	38 / 37	39 / 38	41 / 40	42 / 41	43 / 42	44 / 43	46 / 45	47 / 46	49 / 48	49 / 48
44	35 / 34	36 / 35	37 / 37	39 / 38	40 / 39	41 / 40	43 / 42	44 / 43	45 / 44	47 / 46	47 / 46
42	33 / 32	35 / 34	36 / 35	37 / 36	38 / 37	40 / 39	41 / 40	42 / 41	43 / 42	44 / 43	45 / 44
40	32 / 31	33 / 32	34 / 33	35 / 34	36 / 35	38 / 37	39 / 38	40 / 39	41 / 40	42 / 41	43 / 42
38	30 / 29	31 / 31	32 / 31	34 / 33	35 / 34	36 / 35	37 / 36	38 / 37	39 / 38	40 / 39	41 / 40
36	28 / 28	30 / 29	31 / 30	32 / 31	33 / 32	34 / 33	35 / 34	36 / 35	37 / 36	38 / 37	39 / 38
34	27 / 26	28 / 27	29 / 28	30 / 29	31 / 30	32 / 31	33 / 32	34 / 33	35 / 34	36 / 35	37 / 35
32	25 / 25	26 / 26	27 / 26	28 / 27	29 / 28	30 / 29	31 / 30	32 / 31	33 / 32	34 / 33	34 / 33
30	24 / 23	25 / 24	25 / 25	26 / 26	27 / 26	28 / 27	29 / 28	30 / 29	31 / 30	32 / 31	32 / 31
28	22 / 21	23 / 22	24 / 23	25 / 24	25 / 25	26 / 25	27 / 26	28 / 27	29 / 28	30 / 29	30 / 29
26	21 / 20	21 / 21	22 / 21	23 / 22	24 / 23	24 / 24	25 / 24	26 / 25	27 / 26	28 / 26	28 / 27
24	19 / 18	20 / 19	20 / 20	21 / 20	22 / 21	23 / 22	23 / 22	24 / 23	25 / 24	25 / 24	26 / 25
22	17 / 17	18 / 17	19 / 18	19 / 19	20 / 19	21 / 20	21 / 20	22 / 21	23 / 22	23 / 22	24 / 23
20	16 / 15	16 / 16	17 / 16	18 / 17	18 / 17	19 / 18	19 / 18	20 / 19	20 / 19	21 / 20	21 / 20
18	14 / 13	15 / 14	15 / 14	16 / 15	16 / 15	17 / 16	17 / 16	18 / 17	18 / 17	19 / 18	19 / 18
16	13 / 12	13 / 12	14 / 13	14 / 13	15 / 14	15 / 14	15 / 14	16 / 15	16 / 15	17 / 16	17 / 16
14	11 / 10	12 / 11	12 / 11	12 / 11	13 / 12	13 / 12	14 / 13	14 / 13	14 / 13	15 / 14	15 / 14
12	9 / 9	10 / 9	10 / 9	11 / 10	11 / 10	11 / 10	12 / 11	12 / 11	12 / 11	13 / 12	13 / 12
10	8 / 7	8 / 7	8 / 8	9 / 8	9 / 8	9 / 8	10 / 9	10 / 9	10 / 9	11 / 10	11 / 10
8	6 / 6	7 / 6	7 / 6	7 / 6	7 / 6	8 / 7	8 / 7	8 / 7	8 / 7	8 / 7	9 / 8
6	5 / 4	5 / 4	5 / 4	5 / 4	5 / 5	6 / 5	6 / 5	6 / 5	6 / 5	6 / 5	6 / 5
4	3 / 2	3 / 2	3 / 3	4 / 3	4 / 3	4 / 3	4 / 3	4 / 3	4 / 3	4 / 3	4 / 3
2	2 / 1	2 / 1	2 / 1	2 / 1	2 / 1	2 / 1	2 / 1	2 / 1	2 / 1	2 / 1	2 / 1
0	0	0	0	0	0	0	0	0	0	0	0

TABLE Ire. (Suite.)

Tables de réduction. (Suite.)

INCLINAISONS à l'horizon.	PORTANT sur terre en mètres. 38.	PORTANT sur terre en mètres. 39.	PORTANT sur terre en mètres. 40.	PORTANT sur terre en mètres. 41.	PORTANT sur terre en mètres. 42.	PORTANT sur terre en mètres. 43.	PORTANT sur terre en mètres. 44.	PORTANT sur terre en mètres. 45.	PORTANT sur terre en mètres. 46.	PORTANT sur terre en mètres. 47.	PORTANT sur terre en mètres. 48.	PORTANT sur terre en mètres. 49.	PORTANT sur terre en mètres. 50.	PORTANT sur terre en mètres. 51.	PORTANT sur terre en mètres. 52.	PORTANT sur terre en mètres. 53.	PORTANT sur terre en mètres. 54.	PORTANT sur terre en mètres. 55.	PORTANT sur terre en mètres. 56.	PORTANT sur terre en mètres. 57.	PORTANT sur terre en mètres. 58.	PORTANT sur terre en mètres. 59.
minutes.	centimètres.	centimètres.	centimètres.	centimètres.	centimètres.	centimètres.	centimètres.	centimètres.	centimètres.	centimètres.	centimètres.	centimètres.	centimètres.	centimètres.	centimètres.	centimètres.	centimètres.	centimètres.	centimètres.	centimètres.	centimètres.	centimètres.
120	133 / 131	136 / 134	140 / 138	143 / 141	147 / 145	150 / 148	154 / 152	157 / 155	161 / 159	164 / 162	168 / 166	171 / 169	175 / 173	178 / 176	182 / 179	185 / 182	188 / 187	192 / 190	195 / 193	199 / 197	202 / 201	205 / 203
118	130 / 129	133 / 132	137 / 136	140 / 138	[illegible]	147 / 146	[illegible]	[illegible]	[illegible]	[illegible]	[illegible]	[illegible]	[illegible]	[illegible]	[illegible]	[illegible]	[illegible]	[illegible]	[illegible]	[illegible]	[illegible]	[illegible]
116	128 / 126	131 / 129	135 / 133	137 / 136	[illegible]	145 / 143	[illegible]	[illegible]	[illegible]	[illegible]	[illegible]	[illegible]	[illegible]	[illegible]	[illegible]	[illegible]	[illegible]	[illegible]	[illegible]	[illegible]	[illegible]	[illegible]
114	125 / 124	128 / 127	132 / 131	135 / 134	[illegible]	142 / 141	[illegible]	[illegible]	[illegible]	[illegible]	[illegible]	[illegible]	[illegible]	[illegible]	[illegible]	[illegible]	[illegible]	[illegible]	[illegible]	[illegible]	[illegible]	[illegible]
112	123 / 122	126 / 125	130 / 129	133 / 131	[illegible]	140 / 138	[illegible]	[illegible]	[illegible]	[illegible]	[illegible]	[illegible]	[illegible]	[illegible]	[illegible]	[illegible]	[illegible]	[illegible]	[illegible]	[illegible]	[illegible]	[illegible]
110	121 / 120	124 / 123	128 / 126	130 / 129	[illegible]	137 / 136	[illegible]	[illegible]	[illegible]	[illegible]	[illegible]	[illegible]	[illegible]	[illegible]	[illegible]	[illegible]	[illegible]	[illegible]	[illegible]	[illegible]	[illegible]	[illegible]
108	119 / 118	122 / 120	125 / 124	128 / 127	[illegible]	135 / 133	[illegible]	[illegible]	[illegible]	[illegible]	[illegible]	[illegible]	[illegible]	[illegible]	[illegible]	[illegible]	[illegible]	[illegible]	[illegible]	[illegible]	[illegible]	[illegible]
106	117 / 115	119 / 118	123 / 122	126 / 124	[illegible]	132 / 131	[illegible]	[illegible]	[illegible]	[illegible]	[illegible]	[illegible]	[illegible]	[illegible]	[illegible]	[illegible]	[illegible]	[illegible]	[illegible]	[illegible]	[illegible]	[illegible]
104	114 / 113	117 / 116	121 / 120	123 / 122	[illegible]	129 / 128	[illegible]	[illegible]	[illegible]	[illegible]	[illegible]	[illegible]	[illegible]	[illegible]	[illegible]	[illegible]	[illegible]	[illegible]	[illegible]	[illegible]	[illegible]	[illegible]
102	112 / 111	115 / 114	118 / 117	121 / 120	[illegible]	127 / 125	[illegible]	[illegible]	[illegible]	[illegible]	[illegible]	[illegible]	[illegible]	[illegible]	[illegible]	[illegible]	[illegible]	[illegible]	[illegible]	[illegible]	[illegible]	[illegible]
100	110 / 109	113 / 111	116 / 115	119 / 117	[illegible]	125 / 123	[illegible]	[illegible]	[illegible]	[illegible]	[illegible]	[illegible]	[illegible]	[illegible]	[illegible]	[illegible]	[illegible]	[illegible]	[illegible]	[illegible]	[illegible]	[illegible]
98	108 / 107	110 / 109	114 / 112	116 / 115	[illegible]	122 / 121	[illegible]	[illegible]	[illegible]	[illegible]	[illegible]	[illegible]	[illegible]	[illegible]	[illegible]	[illegible]	[illegible]	[illegible]	[illegible]	[illegible]	[illegible]	[illegible]
96	106 / 104	108 / 107	111 / 110	114 / 113	[illegible]	120 / 118	[illegible]	[illegible]	[illegible]	[illegible]	[illegible]	[illegible]	[illegible]	[illegible]	[illegible]	[illegible]	[illegible]	[illegible]	[illegible]	[illegible]	[illegible]	[illegible]
94	103 / 102	106 / 104	109 / 108	111 / 110	[illegible]	117 / 116	[illegible]	[illegible]	[illegible]	[illegible]	[illegible]	[illegible]	[illegible]	[illegible]	[illegible]	[illegible]	[illegible]	[illegible]	[illegible]	[illegible]	[illegible]	[illegible]
92	101 / 100	103 / 102	107 / 105	109 / 108	[illegible]	115 / 113	[illegible]	[illegible]	[illegible]	[illegible]	[illegible]	[illegible]	[illegible]	[illegible]	[illegible]	[illegible]	[illegible]	[illegible]	[illegible]	[illegible]	[illegible]	[illegible]
90	99 / 98	101 / 100	105 / 103	107 / 105	[illegible]	112 / 111	[illegible]	[illegible]	[illegible]	[illegible]	[illegible]	[illegible]	[illegible]	[illegible]	[illegible]	[illegible]	[illegible]	[illegible]	[illegible]	[illegible]	[illegible]	[illegible]
88	97 / 96	99 / 98	103 / 101	104 / 103	[illegible]	110 / 108	[illegible]	[illegible]	[illegible]	[illegible]	[illegible]	[illegible]	[illegible]	[illegible]	[illegible]	[illegible]	[illegible]	[illegible]	[illegible]	[illegible]	[illegible]	[illegible]
86	95 / 93	97 / 95	100 / 98	102 / 100	[illegible]	107 / 106	[illegible]	[illegible]	[illegible]	[illegible]	[illegible]	[illegible]	[illegible]	[illegible]	[illegible]	[illegible]	[illegible]	[illegible]	[illegible]	[illegible]	[illegible]	[illegible]
84	92 / 91	94 / 93	97 / 96	99 / 98	[illegible]	105 / 103	[illegible]	[illegible]	[illegible]	[illegible]	[illegible]	[illegible]	[illegible]	[illegible]	[illegible]	[illegible]	[illegible]	[illegible]	[illegible]	[illegible]	[illegible]	[illegible]
82	90 / 89	92 / 91	95 / 93	97 / 96	[illegible]	102 / 101	[illegible]	[illegible]	[illegible]	[illegible]	[illegible]	[illegible]	[illegible]	[illegible]	[illegible]	[illegible]	[illegible]	[illegible]	[illegible]	[illegible]	[illegible]	[illegible]
80	88 / 87	90 / 89	94 / 92	92 / 91	[illegible]	100 / 98	[illegible]	[illegible]	[illegible]	[illegible]	[illegible]	[illegible]	[illegible]	[illegible]	[illegible]	[illegible]	[illegible]	[illegible]	[illegible]	[illegible]	[illegible]	[illegible]
78	85 / 84	88 / 86	90 / 89	90 / 89	[illegible]	97 / 96	[illegible]	[illegible]	[illegible]	[illegible]	[illegible]	[illegible]	[illegible]	[illegible]	[illegible]	[illegible]	[illegible]	[illegible]	[illegible]	[illegible]	[illegible]	[illegible]
76	83 / 82	85 / 84	88 / 87	88 / 86	[illegible]	95 / 93	[illegible]	[illegible]	[illegible]	[illegible]	[illegible]	[illegible]	[illegible]	[illegible]	[illegible]	[illegible]	[illegible]	[illegible]	[illegible]	[illegible]	[illegible]	[illegible]
74	81 / 80	83 / 82	86 / 84	85 / 84	[illegible]	92 / 91	[illegible]	[illegible]	[illegible]	[illegible]	[illegible]	[illegible]	[illegible]	[illegible]	[illegible]	[illegible]	[illegible]	[illegible]	[illegible]	[illegible]	[illegible]	[illegible]
72	79 / 78	81 / 80	83 / 82	83 / 81	[illegible]	90 / 88	[illegible]	[illegible]	[illegible]	[illegible]	[illegible]	[illegible]	[illegible]	[illegible]	[illegible]	[illegible]	[illegible]	[illegible]	[illegible]	[illegible]	[illegible]	[illegible]
70	77 / 76	79 / 77	81 / 80	80 / 79	[illegible]	87 / 86	[illegible]	[illegible]	[illegible]	[illegible]	[illegible]	[illegible]	[illegible]	[illegible]	[illegible]	[illegible]	[illegible]	[illegible]	[illegible]	[illegible]	[illegible]	[illegible]
68	75 / 73	76 / 75	79 / 77	78 / 77	[illegible]	85 / 83	[illegible]	[illegible]	[illegible]	[illegible]	[illegible]	[illegible]	[illegible]	[illegible]	[illegible]	[illegible]	[illegible]	[illegible]	[illegible]	[illegible]	[illegible]	[illegible]
66	72 / 71	74 / 73	76 / 75	76 / 75	[illegible]	[illegible]	[illegible]	[illegible]	[illegible]	[illegible]	[illegible]	[illegible]	[illegible]	[illegible]	[illegible]	[illegible]	[illegible]	[illegible]	[illegible]	[illegible]	[illegible]	[illegible]
64	70 / 69	72 / 71	74 / 73	73 / 72	[illegible]	[illegible]	[illegible]	[illegible]	[illegible]	[illegible]	[illegible]	[illegible]	[illegible]	[illegible]	[illegible]	[illegible]	[illegible]	[illegible]	[illegible]	[illegible]	[illegible]	[illegible]
62	68 / 67	70 / 68	72 / 70	71 / 70	[illegible]	[illegible]	[illegible]	[illegible]	[illegible]	[illegible]	[illegible]	[illegible]	[illegible]	[illegible]	[illegible]	[illegible]	[illegible]	[illegible]	[illegible]	[illegible]	[illegible]	[illegible]
60	66 / 65	67 / 66	69 / 68	69 / 68	[illegible]	[illegible]	[illegible]	[illegible]	[illegible]	[illegible]	[illegible]	[illegible]	[illegible]	[illegible]	[illegible]	[illegible]	[illegible]	[illegible]	[illegible]	[illegible]	[illegible]	[illegible]
58	64 / 62	65 / 64	67 / 66	66 / 65	[illegible]	[illegible]	[illegible]	[illegible]	[illegible]	[illegible]	[illegible]	[illegible]	[illegible]	[illegible]	[illegible]	[illegible]	[illegible]	[illegible]	[illegible]	[illegible]	[illegible]	[illegible]
56	61 / 60	63 / 62	65 / 63	64 / 63	[illegible]	[illegible]	[illegible]	[illegible]	[illegible]	[illegible]	[illegible]	[illegible]	[illegible]	[illegible]	[illegible]	[illegible]	[illegible]	[illegible]	[illegible]	[illegible]	[illegible]	[illegible]
54	59 / 58	61 / 60	62 / 61	62 / 61	[illegible]	[illegible]	[illegible]	[illegible]	[illegible]	[illegible]	[illegible]	[illegible]	[illegible]	[illegible]	[illegible]	[illegible]	[illegible]	[illegible]	[illegible]	[illegible]	[illegible]	[illegible]
52	57 / 55	58 / 57	60 / 59	60 / 58	[illegible]	[illegible]	[illegible]	[illegible]	[illegible]	[illegible]	[illegible]	[illegible]	[illegible]	[illegible]	[illegible]	[illegible]	[illegible]	[illegible]	[illegible]	[illegible]	[illegible]	[illegible]
50	55 / 54	56 / 55	58 / 56	57 / 56	[illegible]	[illegible]	[illegible]	[illegible]	[illegible]	[illegible]	[illegible]	[illegible]	[illegible]	[illegible]	[illegible]	[illegible]	[illegible]	[illegible]	[illegible]	[illegible]	[illegible]	[illegible]
48	52 / 51	54 / 52	55 / 54	55 / 54	[illegible]	[illegible]	[illegible]	[illegible]	[illegible]	[illegible]	[illegible]	[illegible]	[illegible]	[illegible]	[illegible]	[illegible]	[illegible]	[illegible]	[illegible]	[illegible]	[illegible]	[illegible]
46	50 / 49	51 / 50	53 / 52	53 / 51	[illegible]	[illegible]	[illegible]	[illegible]	[illegible]	[illegible]	[illegible]	[illegible]	[illegible]	[illegible]	[illegible]	[illegible]	[illegible]	[illegible]	[illegible]	[illegible]	[illegible]	[illegible]
44	48 / 47	49 / 48	51 / 49	50 / 49	[illegible]	[illegible]	[illegible]	[illegible]	[illegible]	[illegible]	[illegible]	[illegible]	[illegible]	[illegible]	[illegible]	[illegible]	[illegible]	[illegible]	[illegible]	[illegible]	[illegible]	[illegible]
42	46 / 45	47 / 46	48 / 47	48 / 47	[illegible]	[illegible]	[illegible]	[illegible]	[illegible]	[illegible]	[illegible]	[illegible]	[illegible]	[illegible]	[illegible]	[illegible]	[illegible]	[illegible]	[illegible]	[illegible]	[illegible]	[illegible]
40	44 / 42	45 / 43	46 / 45	46 / 45	[illegible]	[illegible]	[illegible]	[illegible]	[illegible]	[illegible]	[illegible]	[illegible]	[illegible]	[illegible]	[illegible]	[illegible]	[illegible]	[illegible]	[illegible]	[illegible]	[illegible]	[illegible]
38	41 / 40	42 / 41	44 / 42	43 / 42	[illegible]	[illegible]	[illegible]	[illegible]	[illegible]	[illegible]	[illegible]	[illegible]	[illegible]	[illegible]	[illegible]	[illegible]	[illegible]	[illegible]	[illegible]	[illegible]	[illegible]	[illegible]
36	39 / 38	40 / 39	41 / 40	41 / 40	[illegible]	[illegible]	[illegible]	[illegible]	[illegible]	[illegible]	[illegible]	[illegible]	[illegible]	[illegible]	[illegible]	[illegible]	[illegible]	[illegible]	[illegible]	[illegible]	[illegible]	[illegible]
34	37 / 36	38 / 37	39 / 38	39 / 38	[illegible]	[illegible]	[illegible]	[illegible]	[illegible]	[illegible]	[illegible]	[illegible]	[illegible]	[illegible]	[illegible]	[illegible]	[illegible]	[illegible]	[illegible]	[illegible]	[illegible]	[illegible]
32	35 / 34	36 / 34	37 / 35	36 / 35	[illegible]	[illegible]	[illegible]	[illegible]	[illegible]	[illegible]	[illegible]	[illegible]	[illegible]	[illegible]	[illegible]	[illegible]	[illegible]	[illegible]	[illegible]	[illegible]	[illegible]	[illegible]
30	33 / 31	33 / 32	34 / 33	34 / 33	[illegible]	[illegible]	[illegible]	[illegible]	[illegible]	[illegible]	[illegible]	[illegible]	[illegible]	[illegible]	[illegible]	[illegible]	[illegible]	[illegible]	[illegible]	[illegible]	[illegible]	[illegible]
28	31 / 29	31 / 30	32 / 31	32 / 31	[illegible]	[illegible]	[illegible]	[illegible]	[illegible]	[illegible]	[illegible]	[illegible]	[illegible]	[illegible]	[illegible]	[illegible]	[illegible]	[illegible]	[illegible]	[illegible]	[illegible]	[illegible]
26	28 / 27	29 / 28	30 / 28	30 / 29	[illegible]	[illegible]	[illegible]	[illegible]	[illegible]	[illegible]	[illegible]	[illegible]	[illegible]	[illegible]	[illegible]	[illegible]	[illegible]	[illegible]	[illegible]	[illegible]	[illegible]	[illegible]
24	26 / 25	27 / 25	27 / 26	27 / 26	[illegible]	[illegible]	[illegible]	[illegible]	[illegible]	[illegible]	[illegible]	[illegible]	[illegible]	[illegible]	[illegible]	[illegible]	[illegible]	[illegible]	[illegible]	[illegible]	[illegible]	[illegible]
22	24 / 23	24 / 23	25 / 24	25 / 24	[illegible]	[illegible]	[illegible]	[illegible]	[illegible]	[illegible]	[illegible]	[illegible]	[illegible]	[illegible]	[illegible]	[illegible]	[illegible]	[illegible]	[illegible]	[illegible]	[illegible]	[illegible]
20	22 / 20	22 / 21	23 / 21	23 / 22	[illegible]	[illegible]	[illegible]	[illegible]	[illegible]	[illegible]	[illegible]	[illegible]	[illegible]	[illegible]	[illegible]	[illegible]	[illegible]	[illegible]	[illegible]	[illegible]	[illegible]	[illegible]
18	19 / 18	20 / 19	20 / 19	20 / 19	[illegible]	[illegible]	[illegible]	[illegible]	[illegible]	[illegible]	[illegible]	[illegible]	[illegible]	[illegible]	[illegible]	[illegible]	[illegible]	[illegible]	[illegible]	[illegible]	[illegible]	[illegible]
16	17 / 16	18 / 17	18 / 17	18 / 17	[illegible]	[illegible]	[illegible]	[illegible]	[illegible]	[illegible]	[illegible]	[illegible]	[illegible]	[illegible]	[illegible]	[illegible]	[illegible]	[illegible]	[illegible]	[illegible]	[illegible]	[illegible]
14	15 / 14	15 / 15	16 / 14	16 / 15	[illegible]	[illegible]	[illegible]	[illegible]	[illegible]	[illegible]	[illegible]	[illegible]	[illegible]	[illegible]	[illegible]	[illegible]	[illegible]	[illegible]	[illegible]	[illegible]	[illegible]	[illegible]
12	13 / 12	13 / 13	13 / 12	14 / 12	[illegible]	[illegible]	[illegible]	[illegible]	[illegible]	[illegible]	[illegible]	[illegible]	[illegible]	[illegible]	[illegible]	[illegible]	[illegible]	[illegible]	[illegible]	[illegible]	[illegible]	[illegible]
10	11 / 9	11 / 10	11 / 10	11 / 10	[illegible]	[illegible]	[illegible]	[illegible]	[illegible]	[illegible]	[illegible]	[illegible]	[illegible]	[illegible]	[illegible]	[illegible]	[illegible]	[illegible]	[illegible]	[illegible]	[illegible]	[illegible]
8	8 / 7	9 / 7	9 / 7	9 / 8	[illegible]	[illegible]	[illegible]	[illegible]	[illegible]	[illegible]	[illegible]	[illegible]	[illegible]	[illegible]	[illegible]	[illegible]	[illegible]	[illegible]	[illegible]	[illegible]	[illegible]	[illegible]
6	6 / 5	6 / 5	6 / 5	7 / 6	[illegible]	[illegible]	[illegible]	[illegible]	[illegible]	[illegible]	[illegible]	[illegible]	[illegible]	[illegible]	[illegible]	[illegible]	[illegible]	[illegible]	[illegible]	[illegible]	[illegible]	[illegible]
4	4 / 3	4 / 3	4 / 3	5 / 3	[illegible]	[illegible]	[illegible]	[illegible]	[illegible]	[illegible]	[illegible]	[illegible]	[illegible]	[illegible]	[illegible]	[illegible]	[illegible]	[illegible]	[illegible]	[illegible]	[illegible]	[illegible]
2	2 / 1	2 / 1	2 / 1	2 / 1	2 / 1	[illegible]	2 / 1	2 / 1	2 / 1	2 / 1	2 / 1	2 / 1	2 / 1	2 / 1	2 / 1	2 / 1	2 / 1	2 / 1	2 / 1	3 / 2	3 / 2	3 / 2
0	.	1	1	1	1	[illegible]	0	0	0	0	0	0	0	0	1	0	0	0	0	1	1	1

63	[illegible]	166	[illegible]	169	[illegible]	172	170	175	173	179	177
60	161	163	164	166	167	169	167	172	170	175	173
57	158	160	161	163	164	165	163	169	167	172	170
54	155	156	158	160	161	162	160	165	163	169	167
51	152	153	154	156	158	159	157	162	160	165	163
43	149	150	151	193	154	155	153	159	157	162	160
144	146	147	148	150	151	152	150	155	153	158	156
141	142	144	145	146	148	149	147	152	150	155	153
138	139	140	142	143	144	145	143	148	146	151	149
135	136	137	138	140	141	142	140	145	143	148	146
132	133	134	135	137	138	139	137	142	140	144	142
129	130	131	132	133	135	135	133	138	136	141	139
126	127	128	129	130	131	132	130	135	133	138	136
122	123	124	126	127	128	129	127	132	130	134	132
119	120	121	122	124	125	126	124	128	126	131	129
116	117	118	119	120	122	122	120	125	123	127	125
113	114	115	116	117	118	119	117	121	119	124	122
110	111	112	113	114	115	116	114	118	116	120	118
107	108	108	110	111	113	112	110	115	113	117	115
103	104	105	106	107	109	109	107	111	109	113	111
100	101	102	103	104	105	106	104	108	106	110	108
97	98	99	100	101	102	102	100	104	102	106	104
94	95	96	97	97	99	99	97	101	99	103	101
91	92	92	94	94	95	96	94	98	96	100	98
88	89	89	90	91	92	92	90	94	92	96	94
85	86	86	87	88	89	89	87	91	89	93	91
81	82	83	84	84	86	86	84	88	86	89	87
78	79	80	01	81	82	82	80	84	83	86	84
75	76	76	78	78	79	79	77	81	78	82	80
72	73	73	74	75	76	76	74	77	75	79	76
69	70	70	71	71	73	72	70	74	72	75	73
66	67	67	68	68	69	69	67	71	69	72	70
63	64	64	65	65	66	66	64	67	65	69	67
59	61	60	62	62	63	63	61	64	62	65	63
56	58	57	58	58	60	59	57	60	58	62	60
53	54	54	55	55	56	56	54	57	55	58	56
50	51	51	52	52	53	53	51	54	52	55	53
47	49	48	49	48	50	49	47	50	48	51	49
44	45	44	46	45	46	46	44	47	45	48	46
40	41	41	42	42	43	43	41	44	42	44	42
37	39	38	39	39	40	39	37	40	38	41	39
34	35	35	36	35	37	36	34	37	35	37	35
31	32	32	33	32	33	33	31	33	31	34	32
28	29	28	30	29	30	29	27	30	28	31	29
25	26	25	26	26	27	26	24	27	25	27	25
22	23	22	2[illegible]	22	24	23	21	23	21	23	22
18	19	19	20	19	20	19	17	20	18	20	18
15	16	16	17	16	17	16	14	16	14	17	15
12	13	12	14	13	14	13	11	13	11	13	11
9	10	9	10	9	15	9	7	10	8	10	7
6	7	6	7	6	7	6	4	6	4	6	4
3	4	3	4	3	4	3	1	3	2	3	2
0	2	1	2	0	1	0		1		1	

TABLE N° 2.

Tableau indiquant la longueur des portants sur terre et la différence des tirants d'eau de chaque rang de bâtiment.

ESPÈCE DU BÂTIMENT.	FORCE.	PORTANT sur terre.	DIFFÉRENCE des tirants d'eau.
	Canons.	Mètres.	Mètres.
Vaisseau	120	57,60	0,54
Idem	100	57,05	0,65
Idem	90	56,30	0,63
Idem	86	53,66	0,81
Idem	82	50,42	0,70
Idem rasé	//	50,60	0,76
Frégate	60	50,30	0,47
Idem	52	48,33	0,40
Idem	46	42,10	0,85
Idem rasée	//	42,10	0,85
Corvette	32	39,75	0,45
Idem	24	34,75	0,80
Idem	20	28,56	1,00
Idem	800 tx.	40,63	0,89
Idem	380 tx.	27,70	0,58
Brick	20	30,55	1,00
Idem	18	28,70	0,75
Idem	16	21,00	1,50
Goëlette	6	22,77	0,65
Idem	2	17,64	0,90
Bâtiment à vapeur en bois	//	//	//
Idem, 1,000 chevaux	//	//	//
Idem, 500	//	//	//
Idem, 220	10	//	//
Idem, 160	6	//	//
Idem, 120	//	//	
Idem, 80	//	//	//
Bâtiment à vapeur en fer	//	//	//
Idem	//	//	//
Idem	//	//	//

Les bâtiments à vapeur ont été portés pour mémoire ; on est encore trop peu fixé et sur leur armement et sur leurs dimensions.

IMPRIMERIE ROYALE. — Septembre 1840.

www.ingramcontent.com/pod-product-compliance
Lightning Source LLC
LaVergne TN
LVHW010520060726
842527LV00005B/2058
* 9 7 8 2 3 2 9 2 9 5 2 7 5 *